Ulrike Bocquillon

La maison hantée

Ernst Klett Verlag
Stuttgart Düsseldorf Leipzig

Table des matières

1. Auflage 1 10 9 8 7 6 | 2013 12 11 10 09

Alle Drucke dieser Auflage sind unverändert und können im Unterricht nebeneinander verwendet werden. Die letzten Zahlen bezeichnen jeweils die Auflage und das Jahr des Druckes.

Internetadresse: http://www.klett.de

Umschlag: Sabine Koch, Stuttgart.
Illustrationen: François Davot, Paris.
Druck: Gulde Druck, Tübingen.
Printed in Germany.
ISBN 3-12-591851-0

9 783125 918511

Liebe Schülerinnen und Schüler!

Lesen sollte vor allem Spaß machen. Deswegen findet ihr in *La maison hantée* nicht nur ein spannendes Thema, sondern ihr werdet auch einen lebendigen Einblick in den Alltag französischer Jugendlicher erhalten.

Ihr werdet feststellen, dass die Sprache in dieser Geschichte anders klingt als die, der ihr im Lehrbuch begegnet seid. Französische Jugendliche benutzen nämlich gerne das *français familier*, die Umgangssprache. So auch Emma und ihre Freunde, die Helden dieser Geschichte: sie sagen z.B. *ouais* anstelle von *oui* (S. 5), *j'ai les jetons* statt *j'ai peur* (S. 8).

Hier sind ein paar typische Merkmale des *français familier*:

- Vokale werden oft verschluckt: z.B. *t'es malin* statt *tu es malin* (S. 16).
- Bei Verneinungen fällt das *ne* oft weg: anstelle von *je ne veux pas rester à Paris* heißt es *je veux pas retser à Paris* (S. 5); für *je ne sais pas* steht *je sais pas* (S. 8).
- Jugendliche mögen gerne Abkürzungen: sie verwenden z.B. *ordi* für *ordinateur* (S. 20).
- Jugendliche übertreiben manchmal in ihrer Ausdrucksweise: sie sagen z.B. *trop cool !* (S. 6).

Wir wünschen euch viel Spaß mit *La maison hantée*!

Avant la lecture

1. **Couverture** *(Umschlag)*

Regardez la couverture.

a) Qu'est-ce que vous voyez ? Racontez.

b) Les animaux du dessin s'appellent en français « des chauve-souris ». Comment est-ce qu'ils s'appellent en allemand ? En allemand et en français, un autre animal se cache *(versteckt sich)* dans ce mot ? Lequel *(welches)* ?

c) Comment trouvez-vous la couverture ? Elle vous plaît ? *(Gefällt er euch?)* Pourquoi/Pourquoi pas ?

2. **Titre**

a) Lisez le titre *(Das Geisterhaus)*. A quoi pensez-vous ?

b) A votre avis, qu'est-ce qui va se passer ? Faites des propositions.

3. **Quatrième de couverture** *(Rückentext)*

Lisez le texte au dos du livre. Avec les informations du titre, du dessin et de ce texte, imaginez la suite de l'histoire.

1 Pas de vacances...

Les Carbonne, une famille avec trois enfants, habitent à Paris. Il y a Valentin, un garçon de dix ans et deux filles : Emma, douze ans et Manon, six ans. Et... il y a le chat, Amandine. C'est le premier jour des vacances d'été. La famille est dans la cuisine.

M. CARBONNE : Ecoutez, les enfants. J'ai une mauvaise nouvelle : j'ai des problèmes à mon travail, et on ne peut pas partir en vacances.

EMMA : Quoi ? Pas de vacances ? Oh non !

MME CARBONNE : Je sais, vous êtes déçus, mais ça ne va vraiment pas.

EMMA : Mais moi, je veux pas rester à Paris, c'est nul ! Je vais partir avec Malika.

VALENTIN : Tu veux pas partir en vacances avec ton Christian ?

EMMA : La ferme, espèce de nul ou tu vas voir !

MME CARBONNE : Bon, stop les enfants ! On ne peut pas partir en vacances, mais on peut aller un week-end à Fontainebleau chez tonton Robert.

EMMA : Oh non... Pas chez tonton Robert, il est trop vieux, c'est nul.

M. CARBONNE : Vous savez, on peut faire de l'escalade dans la forêt de Fontainebleau.

MANON : De l'escalade ? Super !

EMMA : Ecrase, Manon ! Toi, t'es trop petite pour faire de l'escalade !

VALENTIN : Ouais, l'escalade, c'est pas pour les bébés.

MANON : Je suis pas un bébé, espèce d'idiot !

MME CARBONNE : Manon !

---

les vacances Ferien – 7 **une nouvelle** Nachricht – 8 **partir** aller – 10 **déçu,e** enttäuscht – 11 **vraiment** wirklich – 12 **nul,le** *ici:* doof – 16 **La ferme !** *fam* Halt den Mund ! – **espèce de... !** *fam* was für... / so ein(e)...! – **voir** sehen – 20 **un tonton** *fam* Onkel – **vieux, vieille** alt – 23 **une forêt** Wald – 25 **Ecrase** *fam* La ferme ! – 27 **ouais** *fam* oui

M. Carbonne : Il y a aussi un château à Fontainebleau.

Emma : Bof ! Moi, je préfère rester avec mes copains.

M. Carbonne : Bon, arrêtez, les enfants ! On va à Fontainebleau le week-end prochain. Et on peut emmener Amandine, Emma.

Mme Carbonne : Vous savez, dans la rue de tonton Robert, il y a une vieille maison. Et d'après les voisins, il y a un fantôme dans la maison.

Manon : Oh, un fantôme ?

Valentin : Un vrai ?

Emma : Mais arrêtez ! Papa et maman racontent des histoires ! Vous allez pas croire leurs bêtises, vous ?

Manon : Moi, si !

Valentin : Oui, mais toi, t'es un bébé.

Manon : Et toi, t'es un…

Mme Carbonne : Ça suffit maintenant ! Arrêtez !

M. Carbonne : On entend des bruits bizarres dans cette maison, et la nuit, il y a des lumières.

Valentin : Ouaah, trop cool, une maison hantée. On peut aller voir ?

Mme Carbonne : Elle est fermée depuis la mort de la propriétaire. Et depuis, on raconte des choses bizarres…

M. Carbonne : Bon, alors les enfants, vous êtes d'accord ? On va à Fontainebleau le week-end prochain ?

Manon : Oh oui, je veux voir les fantômes.

Valentin : Moi aussi.

Mme Carbonne : Et toi, Emma ?

Emma : Ben oui, mais Amandine vient avec nous, OK ?

Mme Carbonne : Mais oui. Amandine ne va pas rester seule à la maison.

Monsieur et madame Carbonne quittent la maison pour aller au travail. Les enfants vont dans leurs chambres.

---

1 **un château** Schloss – 2 **préférer** lieber mögen – 4 **prochain,e** nächster/nächste/nächstes – **emmener** mitnehmen – 7 **d'après…** … nach – 8 **un fantôme** Gespenst – 16 **ça suffit** es reicht – 17 **on entend** man hört – **un bruit** Geräusch – 18 **la nuit** ≠ le jour – **une lumière** Licht – 19 **une maison hantée** Geisterhaus – 21 **fermé,e** geschlossen – **depuis** seit – **la mort** ≠ la vie – 28 **il/elle vient** er/sie/es kommt – 29 **seul,e** allein

2 Sur le net

Emma, Valentin et Manon sont devant l'ordinateur. Emma veut regarder ses e-mails sur Internet.

VALENTIN : Regarde, Emma ! Christian est en ligne.

Un dialogue sur le net commence.

CHRISTIAN : slt, cv ?

EMMA : non, G1pb

CHRISTIAN : koi ?

EMMA : wétu ?

CHRISTIAN : je D100 dans la rU

EMMA : dac, dans 10 mn

CHRISTIAN : dac, a+

VALENTIN : C'est quoi ça ? Je comprends rien.

EMMA : On écrit comme ça sur le net. « slt », ça veut dire « salut », « cv », c'est « ça va » et « koi », ça veut dire « quoi ».

VALENTIN : Ah, je comprends, alors « rU » veut dire « rue » et « dac » veut dire « d'accord », mais « D100 » « wétu » et « a+ », c'est quoi, ça ?

EMMA : On dit « a+ » pour dire au revoir. Ça veut dire « à plus tard ». « Wétu », c'est « où es-tu ? » Et « D100 », c'est un verbe.

MANON : Moi, je sais ! « D100 », c'est « descends ».

EMMA : Super, Manon !

Emma quitte Internet et puis les enfants vont dans la rue pour voir Christian.

---

4 **il/elle commence** er/sie/es fängt an – 6 **G** = j'ai – **pb** = problème – 10 **mn** = minute – 12 **je comprends** ich verstehe – 13 **vouloir dire** bedeuten – 19 **à plus tard** bis später – 22 **je descends** ich komme runter

3 Christian a une idée

Dans la rue, il y a aussi Malika. Elle est souvent là où est Christian.

CHRISTIAN : Alors, c'est quoi ton problème ?

EMMA : On va pas partir en vacances.

MALIKA : C'est pas vrai ! Et pourquoi ?

EMMA : Papa a des problèmes à son travail.

VALENTIN : Alors pas de vacances, on va le week-end prochain à … Fontainebleau chez un oncle de papa. J'ai les boules…

CHRISTIAN : Et ben, c'est pas génial comme plan…

MANON : Tu sais, y'a une maison hantée dans la rue de tonton Robert.

MALIKA : Une maison hantée ? Qu'est-ce que tu racontes ?

EMMA : Ecoute Manon, c'est pas sûr ! D'après les voisins, la maison est hantée. Mais bon…

MANON : Moi je trouve ça trop cool ! Y'a des fantômes !

EMMA : Arrête, tu vas pas croire ça ! C'est des histoires !

CHRISTIAN : Une maison hantée ! Génial ! Je peux venir avec vous ?

MALIKA : Oh oui, moi aussi.

EMMA : Je sais pas…

CHRISTIAN : Imagine : des pièces vides et sombres, des toiles d'araignée… et on entend des bruits bizarres. Ouaaaaaaaaaaaaahhhhh !

MALIKA : Oh Christian, arrête ! J'ai les jetons !

VALENTIN : OK, on va demander à papa et maman. Vous pouvez peut-être venir avec nous. Et on va visiter la maison ensemble. Mon oncle a beaucoup de place, alors pas de problème !

CHRISTIAN : Mais il va être d'accord ?

EMMA : Je sais pas. On va voir.

---

9 **(avoir) les boules** *fam ici:* frustriert sein – 10 **un plan** *ici :* Vorhaben – 14 **sûr,e** sicher – 17 **croire** glauben – 22 **imaginer** sich vorstellen – **sombre** dunkel – 23 **une toile d'araignée** *f* Spinngewebe – 25 **avoir les jetons** *m, fam* avoir peur

4 Un week-end à Fontainebleau ?

Le soir, la famille Carbonne est devant la télé.

Emma : Maman, dans la rue, on a rencontré Christian et Malika. Et on a eu une idée.

M. Carbonne : Oh là là… !

Emma : Christian et Malika veulent passer le week-end avec nous à Fontainebleau.

Valentin : Il y a assez de place chez tonton Robert.

Emma : Et on part pas en vacances. Alors on voudrait bien passer un week-end avec des copains.

Manon : Oui, et Christian veut…

Valentin : Manon, tu la fermes ! Christian veut faire de l'escalade avec nous dans la forêt de Fontainebleau, papa. Tu sais, il est au club d'escalade du collège, il grimpe très bien.

Mme Carbonne : Arrêtez, les enfants. Ça va, on a compris ! Christian et Malika peuvent passer le week-end avec nous.

M. Carbonne : Je vais appeler leurs parents. Mais il n'y a pas assez de place dans la voiture. Nous deux, cinq enfants et le chat, ça ne va pas aller.

Emma : On peut laisser Manon ici, hihi !

Manon : Non, je veux voir les fantômes !

Mme Carbonne : Manon, Emma plaisante.

Emma : Non, pas vraiment…

Valentin : Tu peux rester chez Mme Salomon, Manon ! Elle aime beaucoup les bébés !

M. Carbonne : Emma et Valentin, arrêtez d'embêter votre petite sœur ! Je vais appeler le père de Christian. Il peut emmener Malika et Christian à Fontainebleau.

Valentin : Malika et Christian ensemble dans une voiture – oh là là !

Mme Carbonne : Pourquoi ?

---

2 **on a rencontré** wir haben getroffen – 3 **on a eu** wir haben gehabt – 7 **assez** genug – 15 **on a compris** wir haben verstanden – 23 **plaisanter** scherzen – 27 **embêter** ärgern

EMMA : Tu sais, Malika aime bien Christian !

VALENTIN : Non, elle aime pas bien Christian. C'est pire, elle adore Christian ! Et Emma aussi adore Christian…

EMMA : Tu vas t'écraser, espèce de nul !

MANON : *(chante)* Hihi, Emma aime Christian ! Emma aime Christian !

EMMA : Tu vas la fermer, Manon !

M. CARBONNE : Emma et Manon, arrêtez maintenant. Ça suffit !

5 On peut rester ?

Dimanche après-midi. Les Carbonne, Malika et Christian sont à Fontainebleau, chez tonton Robert depuis vendredi soir. Samedi, ils ont fait de l'escalade dans la forêt de Fontainebleau. Mais les enfants n'ont pas encore visité la maison hantée. Ils ne sont pas contents parce qu'ils ont envie de rester à Fontainebleau.

EMMA : Tonton, on a des vacances. On ne peut pas rester trois ou quatre jours ici ?

TONTON ROBERT : Pas de problème, vous pouvez même rester toute la semaine.

M. CARBONNE : Non, non, les enfants vont rentrer avec nous. On ne peut pas laisser ici les cinq enfants, à ton âge.

TONTON ROBERT : A mon âge ? Qu'est-ce que ça veut dire ? Je suis vieux peut-être ?

M. CARBONNE : Mais non, tonton Robert. Tu n'es pas vieux ! Mais cinq enfants chez toi ?

EMMA : Oh maman !

TONTON ROBERT : Mais ils sont tous très sympas ! Allez, laissez les enfants ici, ça va aller. Ce soir, on va manger des pizzas, d'accord les enfants ?

MANON : Oh, tonton Robert, super !

---

2 **pire** schlimmer – 3 **adorer** aimer beaucoup – 14 **ils/elles ont visité** *ici:* sie haben besichtigt – 19 **même** sogar – 20 **une semaine** Woche – 21 **rentrer** zurückkommen, nach Hause gehen

Emma : Maman, papa, s'il vous plaît !

Mme Carbonne : Je ne sais pas…

Valentin : Oh maman…

Tonton Robert : Les enfants peuvent regarder la télé ou jouer sur l'ordinateur.

Valentin : Oh oui, super !

M. Carbonne : Bon, d'accord. Et pas de bêtises !

Mme Carbonne : Pas d'escalade dans la forêt ! Et…

Emma : Maman, ça suffit ! On est pas des bébés.

Valentin : Sauf Manon, hihi !

Manon : Oh non ! Toi, t'es…

Valentin : La ferme ! Ou tu vas voir !

Mme Carbonne : Arrêtez ou vous rentrez avec nous à Paris !

M. et Mme Carbonne quittent Fontainebleau et rentrent à Paris.

6 En route pour la maison hantée

Il est dix-neuf heures. Tonton Robert est dans la cuisine et prépare les pizzas. Les enfants discutent dans la salle à manger. Le téléphone sonne.

Tonton Robert : Allô ?… Salut, Michel… Jouer aux cartes ?… Je ne sais pas… Tu sais, j'ai cinq enfants chez moi. Je vais voir… A tout à l'heure. *(Il raccroche.)* Ecoutez, les enfants. Mes copains et moi, on veut jouer aux cartes. Vous êtes déjà grands. Vous pouvez rester seuls ici ? Je vais rentrer vers minuit.

Emma : T'inquiète, tonton Robert. On va manger les pizzas et regarder un film à la télé.

Tonton Robert : Bon, alors bon film !

Les enfants : Au revoir, tonton Robert. A plus !

Tonton Robert quitte la maison. Les enfants sont super contents. Ils vont dans la cuisine et mangent les pizzas.

---

10 **sauf** außer – 16 **en route pour** auf zu – 22 **raccrocher** auflegen – 25 **vers** *ici:* gegen – 26 **t'inquiète !** keine Sorge!

Christian : Super ! Tonton Robert joue aux cartes et nous, on va aller voir la maison hantée. D'ac ?
Malika : Oui, mais comment entrer dans la maison ?
Christian : On va voir sur place. OK ?
Emma : Ouais. Oublie pas la lampe. Euh, une minute : Amandine est où ? Elle est encore dehors ?
Manon : Je sais pas…
Les enfants quittent la maison. Emma appelle Amandine mais elle ne vient pas.

7 La maison hantée

Cinq minutes après, les enfants arrivent devant la maison hantée. C'est la nuit. Il y a beaucoup d'arbres devant la maison. Avec ses quatre petites tours, elle ressemble à un vieux château. Les volets sont fermés, sauf à une fenêtre. Il y a des bruits bizarres.
Emma : C'est quoi, le bruit ? J'ai la trouille.
Christian : Mais non, c'est les volets. Ils sont vieux.
Valentin : Regardez, ils bougent ! Vite, on se tire !
Christian : Pas de panique ! C'est le vent.
Manon : Emma, j'ai peur des fantômes.
Emma : Manon, arrête avec les fantômes. Ça existe pas !
Valentin : Là, regardez, la lumière… !
Christian : Mais arrête, c'est la lune ! Regardez : on peut sûrement ouvrir la vieille porte, là…
Christian donne un coup dans la porte. Elle s'ouvre. Les enfants entrent.
Valentin : Beurk, ça pue !
Emma : Chut ! J'entends quelque chose.
Il y a des bruits bizarres et des grandes toiles d'araignée partout. Les enfants ont peur.

---

4 **sur place** *ici:* vor Ort – 6 **dehors** draußen – 13 **ressembler à qc/qn** etw./jdm ähneln – 14 **un volet** Fensterladen – **une fenêtre** Fenster – 16 **avoir la trouille** *fam* avoir peur – 18 **se tirer** *fam* partir – 19 **le vent** Wind – 23 **la lune** Mond – 25 **un coup** Schlag – 27 **Beurk !** Pfui! – **puer** stinken – 28 **j'entends** ich höre – 30 **partout** überall

Valentin : C'est quoi, ça ?
Manon : C'est les fantômes. Ils chantent.
Christian : Mais non, c'est le vent. T'inquiète !

Les enfants veulent entrer dans la première pièce, mais elle est fermée. Ils continuent. Les autres portes sont fermées aussi.
Emma : On monte à l'étage ?
Christian : D'ac. Mais attention, l'escalier est vieux aussi.

Au premier étage, tout est fermé aussi. Les enfants arrivent à la dernière porte.
Malika : Un… deux… trois… quatre… ça, c'est la porte avec les volets ouverts.
Manon : C'est la pièce avec les fantômes !
Valentin : Arrête, Manon.
Les enfants s'approchent de la porte. Elle s'ouvre…
Malika : C'est quoi, ça ? Elle s'ouvre seule, la porte ? Allez, on se tire.
Christian : Mais non, c'est rien. La porte est mal fermée, c'est tout. Allez, on entre.
Emma : Oh, elle est vide, la pièce.
Christian : Non, regardez cette grande caisse derrière la porte.
Manon : C'est peut-être la caisse avec les fantômes.
Emma : Manon, tu nous soûles avec tes fantômes ! Ah, c'est pas vrai !
Christian : On va regarder dans la caisse ?

8 Qu'est-ce qu'il y a dans la caisse ?

Emma et Malika ouvrent la grande caisse. Il y a des sachets en plastique avec une poudre blanche.
Malika : Oh là là ! Qu'est-ce que c'est ?
Christian : C'est peut-être de la drogue.

---

5 **continuer** weitergehen – 7 **un escalier** Treppe – 15 **seul,e** allein – 23 **soûler** *fam* ärgern – 27 **un sachet** Tüte – 28 **une poudre** Pulver

VALENTIN : Chut ! J'entends quelqu'un.
MANON : C'est les fantômes !

1 **quelqu'un** jemand

EMMA : Encore tes histoires de fantômes ?

CHRISTIAN : C'est vrai, Valentin a raison, il y a quelqu'un.

MANON : Moi, je sais, ce sont les fantômes !

MALIKA : Oh Manon, écrase, tu nous soûles !

VALENTIN : Vite, on se planque.

CHRISTIAN : T'es malin, toi. Tu veux entrer dans la caisse ou quoi ?

EMMA : On peut peut-être sortir par la fenêtre ?

MALIKA : On est au premier étage, t'es nulle ! Fermez vite la caisse. On a rien vu, pigé ?

La porte s'ouvre. Deux hommes entrent. Un des hommes a un revolver.

HOMME 1 : Qu'est-ce que vous foutez ici ? Comment vous êtes entrés ?

CHRISTIAN : Par la vieille porte derrière la maison.

HOMME 2 : Vous êtes là depuis quand ?

MALIKA : Euh, peut-être cinq minutes.

HOMME 1 : Vous avez ouvert la caisse ?

VALENTIN : Quelle caisse ?

HOMME 1 : La caisse derrière la porte !

MANON : Le monsieur parle de la caisse avec les fantômes, Valentin.

HOMME 2 : La caisse avec les fantômes ? Qu'est-ce que tu racontes ?

EMMA : Ma sœur est petite : pour elle, la maison est hantée et la caisse là, c'est la cachette des fantômes. On a pas ouvert la caisse.

HOMME 2 : Bon, on va voir ça.

L'homme ouvre un peu la caisse, prend trois sachets de drogue et ferme la caisse à clé.

---

2 **avoir raison** Recht haben – 5 **on se planque** *fam* wir verstecken uns – 6 **malin** schlau – 8 **sortir** ausgehen – 10 **on a vu** wir haben gesehen – **piger** *fam* comprendre – 13 **foutre** *fam* faire – 14 **vous êtes entrés** ihr seid reingekommen – 18 **vous avez ouvert** ihr habt geöffnet – 26 **une cachette** Versteck

HOMME 2 : Vous, les enfants, vous restez ici. On va voir ce qu'on va faire de vous. Bonne nuit avec les fantômes, les petits. Ah ah ah…

Les deux hommes quittent la chambre et ferment la porte à clé.

MALIKA : Zut, la porte est fermée et il y a des planches à la fenêtre… On est foutus !

VALENTIN : Qu'est-ce qu'on fait maintenant ?

CHRISTIAN : Emma, t'as la lampe ? On peut faire des SOS avec la lampe à la fenêtre, mais y a pas beaucoup de voitures.

MANON : Regarde Christian, y'a une voiture. Vite !

Les enfants vont vite à la fenêtre. Christian prend la lampe et fait un SOS. Mais la voiture passe.

9 Bravo Amandine !

Une heure du matin. Les enfants ont peur. Qu'est-ce que les deux hommes vont faire demain ? Christian donne des coups de pieds dans la porte, mais elle ne s'ouvre pas.

EMMA : On est foutus.

VALENTIN : Mais non, il est une heure. Tonton Robert va nous chercher.

MALIKA : Mais où ? Il va pas nous trouver.

EMMA : Regarde, Christian. Il y a un arbre près de la fenêtre. Sans les planches…

CHRISTIAN : Ouais, mais y a les planches. Chut ! J'entends quelqu'un.

MANON : C'est les dealers ! J'ai les jetons !

VALENTIN : Non non, pas de panique, ce sont pas les dealers. Regardez dehors. C'est Amandine ! Elle est dans l'arbre.

EMMA : Amandine, viens… Viens, mon petit chat…

---

4 **fermer à clé** *f* abschließen – 6 **une planche** Brett – 7 **foutu,e** *fam* erledigt – 14 **passer** vorbeifahren – 16 **du matin** früh – 23 **près de qc/qn** neben

Amandine vient à la fenêtre. Puis elle saute dans la chambre.

AMANDINE : Miaou… Miaou…

EMMA : Pauvre Amandine. Elle a faim.

CHRISTIAN : Hé, les potes, j'ai une super idée. Amandine va être notre sauveur.

MALIKA : Comment ça ?

CHRISTIAN : Elle a faim. Alors elle fait quoi ? Elle va chez tonton pour manger.

VALENTIN : Oui, c'est vrai. Mais bon, Amandine peut pas parler !

CHRISTIAN : Donne ton T-shirt, Valentin.

VALENTIN : Euh… Pourquoi ça ?

CHRISTIAN : Tu vas voir. Le numéro de la maison, c'est quoi ?

MANON : Trente-trois.

CHRISTIAN : Super, Manon. Qui a un crayon ?

EMMA : Moi.

Christian pose le T-shirt blanc sur la caisse. Avec le crayon, il écrit « SOS – maison n° 33 – Emma ». Puis Christian met le T-shirt à Amandine et Emma porte le chat à la fenêtre.

EMMA : Allez Amandine, va chez tonton Robert. Oh, les bonnes croquettes. Va chercher les bonnes croquettes.

AMANDINE : Miaou… Miaou…

MALIKA : Elle comprend rien. Laisse béton !

EMMA : Mais si, elle comprend le mot « croquettes ». Va chercher les croquettes, Amandine. Allez !

Amandine saute sur l'arbre et part.

---

1 **sauter** springen – 4 **pauvre** arm – **avoir faim** *f* Hunger haben – 5 **un pote** *fam* un ami – 6 **un sauveur** Retter – 20 **il met** *ici :* er zieht an – 25 **elle comprend** sie versteht – **Laisse béton !** (= tomber) **verlan** Vergiss es! – 28 **elle part** sie geht weg

S.O.S
33 rue

10 Enfin libres

Deux heures du matin. Les enfants sont toujours dans la chambre. Ils ont très peur.

MANON : J'ai la trouille… J'ai vraiment la trouille !

MALIKA : Chut ! J'entends quelqu'un.

Un homme crie : « Il y a quelqu'un ? ». C'est tonton Robert.

CHRISTIAN : On est ici. Y a une caisse avec de la drogue. Les dealers vont bientôt arriver, appelez la police.

Tonton Robert prend son portable et appelle la police. Dix minutes après, les policiers sont là et libèrent les enfants.

11 Christian superstar

Deux jours plus tard, chez les Carbonne. Malika est là aussi. Monsieur Carbonne lit le journal.

M. CARBONNE : Oh là là, les enfants ! Vous êtes des vraies stars ! Il y a votre photo dans le journal. Regardez !

MALIKA : On voit bien Christian ?

VALENTIN : Oui, Malika. Tu peux coller la photo près de ton lit.

MALIKA : Espèce d'idiot !

VALENTIN : Ils écrivent quoi ?

M. CARBONNE : Le titre, c'est « Le mystère de la maison hantée enfin résolu ». Ils racontent toute l'histoire.

EMMA : Je peux découper l'article pour Christian, papa ?

MALIKA : Oh ouais, super ! Et on peut écrire l'histoire pour le journal de l'école, d'ac ?

EMMA : Génial ! J'ai déjà le titre : « Christian – superstar ! »

VALENTIN : Ouais, ou bien : « Christian, on t'aime ».

MALIKA : T'es vraiment trop nul !

EMMA : Bon, venez vite à l'ordi !

M. CARBONNE : Ce Christian réussit même à faire travailler les filles pendant les vacances ! C'est une vraie star !

---

libre frei – 7 **bientôt** bald – 9 **ils libèrent** sie befreien – 15 **on voit** man sieht – 19 **un titre** Titel – **un mystère** Rätsel – 20 **résolu,e** gelöst – 21 **découper** ausschneiden – 27 **un ordi** *fam* un ordinateur – 28 **il réussit** er schafft es

Pendant la lecture

Scène 1

Vrai ou faux ?

1. Les Carbonne ne partent pas en vacances parce que M. Carbonne a des problèmes à son travail.
2. Emma est contente parce qu'elle n'a pas envie de partir en vacances.
3. Mme Carbonne propose *(schlägt vor)* de passer un week-end à Fontainebleau chez tonton Robert.
4. Emma aime bien aller chez tonton Robert.
5. Les parents parlent de la maison hantée, alors les enfants sont d'accord pour aller à Fontainebleau.
6. Amandine va rester à la maison.

Scène 2

a) Trouvez les mots correspondants *(passend)* aux abréviations *(Abkürzungen)* SMS.

1.	2m1	5.	keskeC	9.	ri1	13.	G
2.	bjr	6.	HT	10.	2manD	14.	tuvi1
3.	ID	7.	éD	11.	abiT	15.	manG
4.	C	8.	mR	12.	1vitE		

Folgende Internetseite kann dir helfen: www.klett.de, Online-Link 591851-0001 in die Suchmaske eingeben.

b) Ecrivez ce dialogue en « français normal » :

A : Slt, cv?
B : Bjr, cvb1.
A : kesketufed2m1?
B : ri1
A : G1ID.
B : Ckoi7ID?
A : onvao6né?
B : C5pa. @2m1

Scène 3

1. Pourquoi est-ce que Christian et Malika veulent accompagner les Carbonne ?
2. A votre avis, est-ce que Christian croit aux fantômes *(an Geister)* ?
3. Et vous, croyez-vous aux fantômes ?

Scène 4

1. Emma voudrait passer le week-end à Fontainebleau avec ses copains. Comment veut-elle convaincre *(überzeugen)* ses parents?
2. Il n'y a pas assez de place dans la voiture pour Malika et Christian. Quelle *(Welche)* idée a M. Carbonne ?
4. Emma est en colère après Manon. Expliquez pourquoi.
5. En groupes de 2–3, imaginez le dialogue entre tonton Robert et Mme Carbonne. Vous pouvez ensuite jouer cette scène en classe.

Scène 5

Vrai ou faux ?

1. La famille Carbonne, Christian et Malika sont chez tonton Robert depuis une semaine.
2. Les enfants ne sont pas contents parce qu'ils ont envie de rester à Fontainebleau.
3. Emma demande : « Tonton Robert, on peut pas rester deux ou trois jours ici ? »
4. Tonton Robert est d'accord.
5. Il dit: « Ne laissez pas les enfants ici. Cela me pose trop de problèmes ».
6. M. et Mme Carbonne sont d'accord pour laisser les enfants chez tonton Robert.
7. Mme Carbonne dit : « Faites de l'escalade dans la forêt de Fontainebleau. »
8. Les parents veulent aussi rester à Fontainebleau.

Scène 6

1. Tonton Robert est au téléphone et parle avec un ami. Qu'est-ce que dit cet ami ? Lisez les réponses de tonton Robert et imaginez le dialogue entre les deux.
2. Que cherchent les enfants avant de partir ?

Scène 7

Trouvez la fin des phrases.

1. Christian donne un coup…
2. Les enfants s'arrêtent. Il y a des grandes…

3. Ils entendent un…
4. Le plancher craque sous…
5. Au premier étage, tout…
6. Les enfants s'approchent de la dernière porte. Elle…

Scène 8

1. Cherchez l'intrus.

   a) J'ai la trouille.
   b) J'ai peur.
   c) J'ai un chat.
   d) J'ai les jetons.

   a) les potes
   b) les animaux
   c) les amis
   d) les copains
2. Jouez la scène de la p. 14, l. 27 à la p. 16, l. 5.

Scène 9

1. Comment est-ce qu'on appelle les personnes qui vendent de la drogue *(die Drogen verkaufen)* ?
2. Christian a une idée pour sortir de la maison. Racontez.
3. Corrigez la phrase. Il y a trois erreurs *(Fehler)*.
   Christian pose le pantalon sur la caisse. Puis, avec une gomme, il écrit « SOS – maison no 5 – Emma ».
4. Quelle phrase française va avec quelle phrase allemande ?

J'ai la trouille.	1	A	*Das ist blöd.*
C'est nul.	2	B	*Halt die Klappe.*
Laisse béton.	3	C	*Ich hab Schiss.*
Vite, on se tire.	4	D	*Lass (es) sein.*
Ferme-la !	5	E	*Komm, wir hauen ab.*

Scène 10

1. Un homme crie : « Il y a quelqu'un ? » Qui est-ce ?
2. Qu'est-ce qu'il fait ?
3. Qui libère les enfants ?

Scène 11

1. Dans le journal, il y a un article sur l'aventure *(Abenteuer)* des enfants. Traduisez ce titre en allemand.
2. Répartissez *(teilt auf)* les rôles et jouez le dialogue.

Après la lecture

1. Le journal de l'école

Vous voulez raconter l'aventure d'Emma et de ses amis dans le journal de l'école. Travaillez en groupes de 3 à 4, il vous faut *(ihr braucht)* :

a) un titre pour l'article
b) un texte
c) éventuellement *(eventuell)* des illustrations (faites un dessin ou un collage).

2. Fontainebleau et sa région

a) En groupe, faites des recherches sur Internet pour trouver des informations sur Fontainebleau.
Groupe 1 : le château de Fontainebleau
Groupe 2 : la forêt de Fontainebleau
Ce site peut vous aider : www.fontainebleau.fr
Puis présentez vos résultats à la classe.
b) Vous pouvez aussi réaliser un prospectus sur Fontainebleau avec des photos, des articles, etc.

3. Le journal de Christian

Après son aventure, Christian écrit un petit journal *(Tagebuch)*. Il commence avec le départ de Paris. Imaginez un texte, vous pouvez commencer comme ça :

Vendredi, 18 heures :
Malika et moi, nous sommes dans la voiture de mon père. Nous allons à Fontainebleau, chez l'oncle d'Emma.

A vous !